DE LA

PROPRIÉTÉ DES EAUX

EN ALGÉRIE.

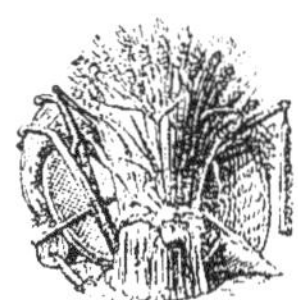

ALGER
TYPOGRAPHIE ET LITHOGRAPHIE BASTIDE
PLACE DU GOUVERNEMENT

1858

DE LA

PROPRIÉTÉ DES EAUX

EN ALGÉRIE.

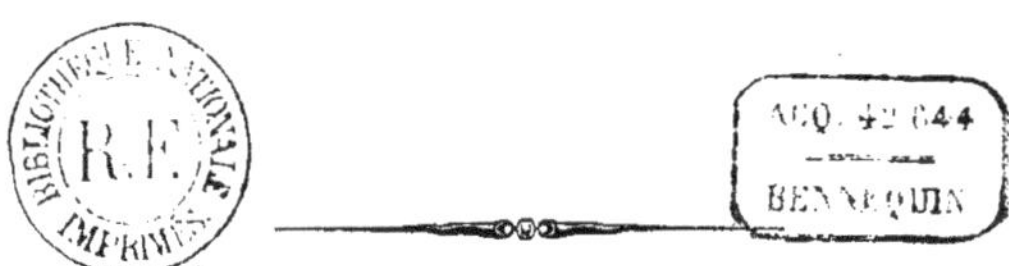

Sous ce titre : *Étude sur la législation algérienne, en matière de cours d'eau,* il a paru récemment une brochure semi-officielle, qui a jeté un certain émoi parmi les nombreux propriétaires intéressés dans cette grave question.

Ce résultat est facile à expliquer.

En effet, la thèse soutenue par l'auteur de la brochure, ne tend à rien moins qu'à dénier aux particuliers, en faveur de l'Etat, le bénéfice des reconnaissances faites et des engagements pris par le législateur.

Un pareil système est sans doute trop radical pour être dangereux ; tuteurs naturels de la propriété privée, les tribunaux ne sauraient l'accueillir.

Il suffit, néanmoins, qu'il ait reçu les honneurs de la publicité, pour qu'il devienne l'objet d'une réfutation publique.

Il y a, d'ailleurs, dans l'importance même du sujet, une raison qui nous détermine à ne pas garder un silence, que l'on pourrait prendre pour un acquiescement.

Le gant est jeté, nous devons le relever.

Avec l'auteur de la brochure, nous reconnaissons qu'il s'agit, purement et simplement, de fixer le sens et la portée de la loi du 16 juin 1851.

Mais, si nous sommes d'accord sur le point de départ, nous différons sur tout le reste.

Ne fût-ce que pour faciliter le contrôle des deux opinions que nous allons mettre en présence, nous suivrons, dans la discussion, l'ordre adopté par le document adverse, en nous occupant, d'abord, de la loi française, puis de la loi musulmane.

Disons, toutefois, dès à-présent, que, pour nous, cet ordre ne sera pas seulement une affaire de forme, mais bien la consécration du principe, qui doit servir de base à notre argumentation et d'après lequel, en l'état surtout de l'interprétation qu'il a définitivement reçue, le 16 juin 1851, le droit musulman n'a plus, aujourd'hui, qu'une valeur secondaire.

§ 1er.

Sens et portée de la loi du 16 juin 1851,

en matière de cours d'eau.

Avant d'aborder l'examen de la législation spéciale qui a été faite pour la Colonie, il est utile, indispensable même, de jeter un coup d'œil rapide sur celle qui régit la Métropole.

En France, l'article 538 du Code Napoléon range, par une disposition expresse, les fleuves et rivières *navigables ou flottables*, parmi les dépendances du Domaine public.

En l'absence d'un texte aussi formel, la question de la pro-

3

priété des cours d'eau, qui ne sont ni navigables, ni flottables, y est l'objet de la plus vive controverse.

On compte jusqu'à quatre systèmes, qui s'appuyent égale-
ment sur d'imposantes autorités.

Chaque solution se recommande par le patronage de juris-
consultes éminents.

Ceux-ci prétendent que les cours d'eau dont il s'agit, appartiennent aux riverains.

Ceux-là prétendent qu'ils appartiennent à l'Etat.

Les uns, faisant une distinction plus ou moins subtile, soutiennent que le lit ou le tréfonds est, seul, la propriété des
riverains ; tandis que l'eau courante, étant de sa nature in-
susceptible d'une appropriation exclusive, tombe forcément
sous l'application de l'article 714 du Code Napoléon, ainsi
conçu :

« *Il est des choses qui n'appartiennent à personne et dont*
» *l'usage est commun à tous. Des lois de police règlent la*
» *manière d'en jouir.* »

D'autres, enfin, estiment que l'eau et le lit doivent être
classés indistinctement dans cette catégorie.

Ce dernier avis nous paraît être le meilleur, et de beaucoup ;
il a, notamment, le mérite de concilier tous les textes et de
ménager tous les intérêts.

Il a été professé par le premier auteur qui ait traité la matière depuis la promulgation du Code.

Dans son *analyse raisonnée de la législation sur les eaux,*
Dubreuil s'exprime en ces termes :

« Les rivières non navigables ou flottables, et les autres
» cours d'eau publique, appartenaient, en général, aux sei-
» gneurs, dans l'étendue de leurs fiefs.

» L'usage exclusif en appartient aujourd'hui aux riverains,
» sous la surveillance de l'autorité publique.

» Leur lit, leurs bords et rivages sont, *en quelque ma-*
» *nière,* leur propriété.

» Les décrets du 4 août 1789 qui dépouillèrent les sei-

» gneurs de cette propriété, ne désignèrent pas à qui elle de-
» vrait désormais appartenir.

» L'assemblée chargea ses comités, le 23 avril 1791, de
» lui présenter, sur ce point, *des principes constitutionnels*.

» Ce travail ne fut pas fait, et les choses, dit M. Henrion,
» étaient restées dans cet état, quand le Code civil attribua
» aux riverains, par l'article 561, la propriété des îles et at-
» térissements qui se forment dans les rivières, et que l'ar-
» ticle 644 leur accorda l'usage des eaux à leur passage.
» D'où M. Pardessus conclut que cette loi leur a attribué le
» lit en propriété.

» Mais cette propriété ne doit pas être regardée comme
» une propriété pleine, absolue et arbitraire.

» D'une part, l'article 644 leur prohibe de détourner le
» cours de l'eau.

» De l'autre, le Gouvernement, on l'a vu, peut encore rendre
» ces rivières navigables.

» *Le droit des riverains est donc moins un droit de pro-*
» *priété, qui, dans le fait, n'appartient proprement à per-*
» *sonne, comme le dit l'article 714*, QU'UN USAGE EXCLUSIF DE
» L'UTILITÉ QU'ILS PEUVENT EN RETIRER. »

Il y a plus de quarante ans que ces lignes ont été écrites,
et jusqu'à ce jour on n'a rien dit de mieux.

C'est dans ce sens que la Cour régulatrice s'est prononcée
par son arrêt du 10 juin 1846, qui, s'il n'a pas rallié tous
les esprits, paraît du moins avoir fixé l'état de la jurispru-
dence.

Il faut donc tenir pour constant qu'en France, les cours
d'eau non navigables ou flottables, ne sont ni la propriété
privée des riverains, ni une dépendance du Domaine public,
mais constituent un de ces biens qui, par la force même des
choses, n'appartiennent à personne, et dont l'usage est commun à tous, sous la haute surveillance de l'autorité publique.

Faite pour l'Algérie, la loi du 16 juin 1851 a-t-elle main-
tenu ce droit ou l'a-t-elle modifié?

C'est ce qu'il s'agit maintenant d'établir.

Les articles 1 et 2 disposent comme suit :

« Art. 1. Le Domaine national comprend le Domaine pu-
» blic et le Domaine de l'Etat.
» Art. 2. Le Domaine public se compose :
» 1° Des biens de toute nature que le Code civil et les lois
» générales de la France déclarent non susceptibles de pro-
» priété privée ;
» 2° Des canaux d'irrigation, de navigation et de dessèche-
» ment exécutés par l'Etat, ou pour son compte, dans un
» but d'utilité publique, et des dépendances de ces canaux,
» des aqueducs et des puits, à l'usage du public ;
» 3° *Des lacs salés, des cours d'eau de toutes sortes et*
» *des sources.*
» Néanmoins, sont reconnus et maintenus tels qu'ils
» existent, les droits de propriété, d'usufruit ou d'usage,
» légalement acquis antérieurement a la promulgation de
» la présente loi sur les lacs salés, les cours d'eau et les
» sources ; et les tribunaux ordinaires restent seuls juges
» des contestations qui peuvent s'élever sur ces droits. »

D'après l'auteur de la brochure à laquelle nous répondons,
cette disposition finale devrait être considérée comme non écrite.

Voici comment il est amené à formuler cette conclusion,
qui est le résumé de sa doctrine.

Il pose, tout d'abord, en principe, que, règlementant l'avenir, le législateur, fidèle à la grande maxime de la non-ré-
troactivité, n'a pas pu vouloir empiéter et n'a pas empiété,
en effet, sur le passé, qu'il a laissé sous l'empire des lois
qui le régissaient, en réservant aux tribunaux la connaissance
des contestations qui pourraient s'élever, entre l'Etat et les
particuliers, sur l'existence, la nature et l'importance des droits
antérieurs.

Il signale, ensuite, la discussion qui a précédé l'adoption
de la loi du 16 juin 1851, comme témoignant des incerti-
tudes du législateur, relativement au point de savoir si, en
droit musulman, les cours d'eau étaient ou non susceptibles
de propriété privée.

« D'un côté, ajoute-t-il, on affirmait qu'ils étaient suscep-

6

» tibles de propriété privée, d'un autre, on invoquait *l'esprit*
» de la loi musulmane, et les règlements des Arabes *en Es-*
» *pagne et dans le midi de la France*, pour soutenir que les
» cours d'eau n'étaient, en droit musulman, qu'une dépen-
» dance du domaine public.

» En présence de ces affirmations contradictoires, et dé-
» nuées l'une et l'autre de preuves, que pouvait faire l'as-
» semblée nationale? sacrifier, au hasard, l'intérêt de l'Etat à
» l'intérêt privé, ou l'intérêt privé à l'intérêt de l'Etat : ni
» l'une ni l'autre de ces solutions n'était admissible. Le seul
» parti qu'elle pouvait prendre était celui qu'elle a pris : Se
» borner à statuer pour l'avenir, et réserver aux tribunaux
» ordinaires le procès du passé.

» De bons esprits ont pensé, toutefois, que le législateur
» avait fait autre chose; qu'il avait interprété législativement
» la loi musulmane, et qu'il avait rendu un véritable arrêt de
» principe contre les droits de l'Etat. Mais où est donc l'in-
» terprétation, puisque le dernier paragraphe de l'article 2 de
» la loi du 16 juin 1851, ne maintient et ne reconnaît les
» droits privés, antérieurement à sa promulgation, que tout
» autant qu'ils ont été *légalement acquis*. »

L'auteur de la brochure n'hésite pas à déclarer que la
réserve écrite à ce propos dans la loi, ne saurait avoir plus de
valeur que celles qui sont fréquemment insérées dans les dé-
cisions judiciaires et qui laissent toujours intacte la discussion
du fond.

A ses yeux, la question reste donc entière devant la juri-
diction civile.

Puis, entrant dans l'examen de la législation musulmane,
il croit y trouver la preuve que cette législation n'attribuait
aux riverains aucuns droits de propriété, d'usufruit ou d'u-
sage sur les cours d'eau.

C'est ainsi qu'il arrive à réduire à néant la disposition
législative dont il nous importe de rétablir le sens et la
portée.

Et d'abord, nous reconnaissons qu'à l'instar de toutes les
lois, celle du 16 juin 1851 ne dispose que pour l'avenir et
n'a pas d'effet rétroactif.

Mais est-ce à dire qu'en réservant le passé, le législateur n'ait pu interpréter la loi antérieure?

L'auteur de la brochure lui-même ne conteste pas ce droit, il se borne à nier le fait.

Or, sur ce point si facile à vérifier, il y a quelque chose de mieux à faire que de se livrer à une argumentation plus ou moins spécieuse; il faut remonter aux sources de la loi; interroger le rapport qui en a développé la pensée et la discussion qui l'a complétée.

Dans son deuxième rapport fait à l'Assemblée législative, M. Didier, s'occupant du Domaine national, s'exprimait de la manière suivante :

» Le Gouvernement, comme votre Commission, ayant com-
» pris que le Domaine national n'a pas, en Algérie, d'autres
» raisons d'être qu'en France, et que, par cela même, il n'y
» a aucun motif sérieux de laisser plus longtemps au hasard
» des événements et à l'arbitraire des décrets et des arrêtés,
» le soin de le former et de l'étendre ou de le restreindre,
» demande qu'il soit désormais constitué d'après les règles
» générales de notre législation, et cette proposition ne ren-
» contrera, sans doute, aucune difficulté. Seulement, à l'énu-
» mération des choses que les lois de la France ont placées
» dans le domaine public et déclarées inaliénables et im-
» prescriptibles, il juge utile d'ajouter les canaux de navi-
» gation, d'irrigation et de desséchement exécutés par l'Etat
» ou pour son compte, dans un but d'utilité publique; les
» aqueducs et les puits à l'usage du public, ainsi que les lacs
» salés, les cours d'eau de toutes sortes et les sources, *sous*
» *la réserve des droits antérieurement acquis.* Et en cela, il
» est juste de reconnaître que, s'il dépasse la mesure du droit
» généralement établi, il ne fait que se soumettre aux iné-
» vitables et permanentes nécessités du climat et du sol, là
» où la vie autant que la fortune de tous, *dans l'avenir et*
» *dans le présent,* est intéressée au suprême degré à ce que
» les eaux, cet élément indispensable de salubrité et de pro-
» duction, dispensé par la Providence d'une main si avare à
» l'Algérie, ne puissent jamais être détournées de la masse
» des propriétés communes.

» Pour quelques esprits, cet accroissement extraordinaire
» du domaine public, lequel s'appuie sur la plus grave des
« autorités, la nature même des choses, trouverait d'ailleurs
« sa justification dans l'esprit de la loi musulmane qui, par-
« tout, à en juger comme ils le font sur certains règlements
« émanés des Arabes, à l'époque de leur domination en Es-
« pagne et dans quelques-unes de nos provinces du Midi,
« aurait fait des eaux une dépendance forcée de la puissance
« publique

« *Mais ce n'est là qu'une théorie spécieuse, autorisée*
« *peut-être par des applications exceptionnelles en temps et*
« *en pays de conquêtes; tandis que, sur la terre musulmane,*
« *en Algérie, notamment, elle est contredite par une multi-*
« *tude de faits de propriété privée reconnus et constatés par*
« *les siècles, au profit de tribus et de particuliers, sur un*
« *nombre infini de cours d'eau et de sources. Et, loin de*
« *vouloir abriter une disposition de cette sorte derrière un*
« *argument aussi contestable, lequel mènerait tout droit à*
« *l'anéantissement des droits les mieux et les plus authen-*
« *tiquement établis, le projet du Gouvernement entend, avant*
« *tout, que ces droits soient maintenus et respectés, et, pour*
« *obtenir de vous l'adoption de la mesure qu'il vous pro-*
« *pose, il croit qu'il lui suffit de la raison d'intérêt général*
« *qui vient de vous être exposée.* »

Appelé à déduire les motifs de la loi, le rapporteur ne
pouvait pas faire une déclaration plus nette et plus éner-
gique.

Déjà si imposante par elle-même, comme étant l'expression
commune de la volonté du Gouvernement et de celle de la
commission législative, cette déclaration acquiert, s'il est possible, un plus haut degré d'autorité, à raison de ce qu'elle
n'a fait que sanctionner les résultats d'une enquête préa-
lable.

Ouverte devant la Chambre à trois reprises différentes, la
discussion a-t-elle infirmé ou contredit cette partie du rapport?

La chose eût été difficile et n'a pas eu lieu.

Un débat très-vif et plein d'intérêt s'est engagé, non point sur la reconnaissance des droits antérieurs, maintenus au profit des particuliers, mais sur l'attribution future de toutes les eaux en faveur du domaine public.

Primitivement, le paragraphe litigieux était ainsi rédigé dans le projet :

(Le Domaine public se compose :)

« 3° *Des lacs salés , des cours d'eau de toutes sortes et « des sources, à la réserve des droits acquis antérieurement « à la présente loi.* »

Lors de la deuxième lecture, un des membres de l'Assemblée, M. Raudot, demanda la suppression de ce paragraphe.

A l'appui de son amendement, il soutint que la disposition était contraire au Code civil, c'est-à-dire au droit commun ; que le régime exceptionnel que l'on voulait introduire en Algérie aurait les conséquences les plus funestes.

« Si vous faites cela, ajouta-t-il, vous rendez l'administra-
» tion maîtresse de tous les cours d'eau ; elle pourra donner
» aux uns, ôter à l'autre ; il n'y aura plus de propriété utile,
» inviolable ; avec un tel principe, vous tuez la colonisation
» en Algérie ; en présence de cet arbitraire, il n'y aura pas
» un colon sérieux.

« Je conçois très bien qu'on utilise les cours d'eau ; mais
» autre chose est de faire une loi pour règlementer l'usage
» des eaux, et autre chose est de déclarer qu'elles font partie
» du Domaine public. Dans ce dernier cas, vous enlevez à la
» justice régulière le jugement des questions de propriété ;
» vous rendez l'administration, c'est-à-dire les bureaux, juges
» de toutes les questions. »

Parmi les orateurs qui furent chargés de répondre à M. Raudot, le général Lamoricière eut l'occasion de produire, dans un langage clair et concis, ces connaissances pratiques, si précieuses en toute matière, et qui devaient naturellement donne tant de poids à son opinion.

» Nous n'avons pas voulu, dit-il, faire en Algérie quelque
» chose de nouveau, mais ce qui s'y est fait de tout temps.
» En Afrique, l'eau manque à la terre, et l'homme pourrait
» en consommer une plus grande partie que celle que le ciel
» départit à la terre. De là la nécessité d'une législation
» toute spéciale. Qu'existe-t-il dans le pays relativement à la
» propriété des eaux? Il n'y a jamais une propriété, lors-
» qu'il existe un cours d'eau ou une source, qui ne définisse
» les droits sur la source ou le cours d'eau. D'après ces titres,
» le propriétaire du sol peut, ou jouir de toute l'eau de la
» source, ou la laisser couler pendant tant d'heures sur les
» propriétés situées en aval. Les titres déterminent de la façon
» la plus précise les droits des riverains. *Ces droits, nous n'y*
» *touchons pas, nous les respectons ; toute modification qu'on*
» *introduirait violemment dans lu loi pour la jouissance des*
» *eaux, amènerait immédiatement des séditions par l'inquié-*
» *tude et la perturbation qu'elle jetterait dans les moyens de*
» *cultiver et de vivre des populations.* »

Attaqué de toutes parts, l'amendement de M. Raudot fut
rejeté.

Malgré ce rejet, son auteur ne se tint pas pour battu ;
dans l'intervalle de la deuxième à la troisième lecture, il re-
produisit, sous une autre forme, sa proposition première.

Le rapporteur en rendit compte en ces termes :

» L'honorable M. Raudot demande que tous les biens dont
» il est question dans les § 2 et 3 soient régis, en Algérie,
» par la législation de la France, et cependant, par une in-
» conséquence que je ne me charge pas d'expliquer, M. Raudot
» demande que les eaux de toute nature, les sources comme
» les cours d'eau, comme les canaux de navigation, soient
» soumis à un règlement d'administration publique, aux ter-
» mes duquel il pourra être disposé de ces eaux, non pas
» seulement au profit des riverains, mais aussi au profit des
» propriétaires qui seraient éloignés des cours d'eau et des
» sources.
» La commission a délibéré sur la proposition de M. Rau-
» dot ; elle l'a examinée avec la plus scrupuleuse attention,

» et, bien qu'elle persiste à la repousser dans son principe,
» *cette proposition l'a déterminée à apporter des modifica-*
» *tions importantes à l'article déjà adopté.* Ces modifications
» ont été soumises au Gouvernement, qui y a donné son
» adhésion, et quand je les aurai fait connaître à l'Assem-
» blée, j'espère que l'honorable M. Raudot se tiendra pour
» satisfait de la concession assez large qui lui est faite. —
» *J'ai eu l'honneur de dire à l'Assemblée que, tout en dé-*
» *clarant biens du Domaine public les eaux en Algérie, nous*
» *avons eu grand soin de consacrer et de maintenir, d'une*
» *façon très-nette et très-explicite, les droits de propriété ou*
» *d'usage qui peuvent appartenir à des particuliers sur ces*
» *biens.*
» Mais on nous a dit que, malgré cette réserve très-for-
» melle, il adviendrait que les propriétaires de cours
» d'eau et de sources, dont les droits seraient contestés par
» l'Etat, seraient, bon gré mal gré, traînés devant la juri-
» diction administrative, et que, par cela même, leurs droits
» seraient souvent mis en péril. — Je crois et j'ai eu, en une
» autre circonstance, l'occasion de le dire à l'Assemblée, que
» c'était là une erreur, et qu'aux termes de la législation
» commune, les propriétés, qu'il s'agisse de sources et de
» cours d'eau ou de maisons et de terres, sont placées sous
» la protection des Tribunaux ordinaires. Cependant, pour
» lever toute espèce de doute à cet égard, nous avons expli-
» citement établi, dans notre nouvel article, que ces questions
» seraient de la compétence exclusive des Tribunaux ordi-
» naires.
» Cela dit, il ne me reste qu'à donner purement et sim-
» plement lecture de notre article, qui est ainsi conçu :

(Comme dans la loi.)

» L'honorable M. Raudot voudra bien le remarquer ; en
» effet, son amendement, qui veut placer la propriété des
» eaux en Algérie, sous la protection de la loi commune,
» ferait aux propriétaires de ces sortes de biens, une condi-
» tion évidemment pire que celle que leur donne notre pro-
» jet de loi ; car, si le Gouvernement avait le droit de
» réglementer les cours d'eau et les sources, sans distinc-

» tion et sans exception, non pas seulement vis-à-vis des
» riverains, mais à l'égard des non-riverains, il s'ensuivrait
» que le droit privatif qui appartient aux riverains, d'après
» la loi française, serait souvent, entre les mains des pro-
» priétaires algériens, un droit illusoire. — *L'article de la*
» *Commission, au contraire, maintient, consacre, de la façon*
» *la plus absolue, les droits antérieurement acquis. Il fait*
» *seulement ses réserves en ce qui touche les eaux qui ne*
» *sont pas, à l'heure qu'il est, appropriées.* »

A la suite de ces observations, la rédaction nouvelle a été adoptée sans discussion.

En présence de ces déclarations solennelles et réitérées, est-il raisonnablement permis de nier l'existence de ces droits privatifs, si nettement reconnus par tout le monde, et que le Gouvernement, en cela parfaitement d'accord avec l'Assemblée, a entendu MAINTENIR ET CONSACRER DE LA FAÇON LA PLUS ABSOLUE?

Est-il raisonnablement permis de prétendre qu'élaborée avec un si grand soin, la disposition légale n'a pas eu pour objet et pour résultat d'interpréter la législation antérieure, de manière à lier définitivement et les Tribunaux et l'Administration ?

Dans son commentaire de la loi du 16 juin 1851, M. Dareste examine la question et n'y voit pas une difficulté sérieuse, au point de vue juridique.

« Notre article, dit l'auteur, reconnaît et maintient expres-
» sément, par son dernier paragraphe, tous les droits de
» propriété, d'usufruit ou d'usage sur les eaux, légalement
» acquis avant la promulgation de la loi. *Il admet donc que,*
» *sous le régime antérieur, des droits de propriété ont pu*
» *être acquis;* IL NE SERA DONC PLUS PERMIS DE SOUTENIR QUE
» CES DROITS N'ÉTAIENT RECONNUS NI PAR LA LOI FRANÇAISE,
» NI PAR LA LOI MUSULMANE. NOTRE ARTICLE INTERPRÈTE LA
» LÉGISLATION ANTÉRIEURE, ET CETTE INTERPRÉTATION LIE LES
» TRIBUNAUX.
» Maintenant, cette interprétation est-elle fondée, au point
» de vue doctrinal? C'est là une toute autre question, et en
» droit musulman, comme en droit français, de graves rai-

» sons se présentent pour faire entrer tous les cours d'eau
» dans le domaine public. »

Après avoir très-brièvement indiqué ces raisons, qui lui
paraissent, en principe, autoriser un certain doute sur la valeur de l'interprétation, M. Dareste conclut comme suit :

« Quoi qu'il en soit, la controverse se trouve, aujourd'hui,
» tranchée pour l'Algérie. La loi nouvelle, en même temps
» qu'elle range, pour l'avenir, tous les cours d'eau dans le
» domaine public, reconnaît, pour le passé, que les cours
» d'eau ont pu tomber dans la propriété privée. »

A la rigueur, sans doute, nous pourrions considérer notre
tâche comme remplie.

Dès à présent, il est démontré que l'auteur de la brochure
a commis, en droit, une erreur manifeste, lorsque, mécon-
naissant le caractère distinctif de la loi du 16 juin 1851, il a
prétendu que le régime des eaux, en Algérie, n'avait subi aucune modification par l'effet de cette loi, et que les riverains anciens et nouveaux devaient être placés sur la même
ligne.

Mais est-il vrai, d'ailleurs, comme il le soutient, que la
loi musulmane ne reconnaissait pas de droits privés sur les
cours d'eau ?

Indépendamment de ce que le texte formel de l'article déjà
cité élève contre elle une fin de non-recevoir péremptoire,
cette proposition absolue est victorieusement démentie par les
faits accomplis, et même par les documents invoqués à l'appui du système contraire.

C'est ce qui nous reste à démontrer.

Nous allons le faire, mais seulement pour l'honneur des
principes.

§ 2.

Législation musulmane sur les cours d'eau.

Ainsi que nous l'avons fait remarquer, avant d'aborder la discussion, l'examen du droit musulman n'a plus, aujourd'hui, qu'une valeur secondaire, un intérêt purement doctrinal.

Conséquent avec son système, l'auteur de la brochure s'est livré, sur ce point, à de nombreuses citations et à de longs développements.

Sous peine de nous mettre en contradiction avec nous-mêmes, il nous est impossible de l'imiter.

Nous nous bornerons à un aperçu général et sommaire.

Au lieu de la justifier, les textes cités condamnent la thèse que nous avons à combattre surabondamment.

Tous les hommes, a dit le Prophète, *sont co-associés à trois choses :* L'EAU, L'HERBE, ET LE FEU.

Cette déclaration de communauté s'explique par l'état dans lequel Mahomet trouva ses prosélytes, et par les destinées qu'il leur préparait.

Elle convenait essentiellement à un peuple-pasteur, à des tribus errantes qui allaient marcher à la conquête du monde.

Mais, lorsqu'après avoir envahi, les Arabes se furent fixés, ou que, du moins, leurs migrations se furent circonscrites, ils cultivèrent la terre qui devait les nourrir.

Faites pour d'autres temps et d'autres besoins, les prescriptions de Mahomet furent, alors, nécessairement modifiées par la pratique.

L'usage des eaux se régularisa comme la jouissance du sol.

Les droits privés surgirent et surent se faire respecter.

Par voie de conséquence forcée, le commentaire fit bientôt fléchir la loi primitive, qui, à raison de son caractère religieux, n'admettait pas de loi rivale.

Nous n'en voulons d'autres preuves que celles qui nous sont fournies par l'auteur même de la brochure.

Les commentateurs du Koran s'occupent d'abord de ces grandes masses d'eau, qui, en France, ont toujours été considérées, à juste titre, comme des dépendances du domaine public.

Ils déclarent que *les fleuves tels que l'Euphrate, le Tigre, et autres, ne sont la propriété exclusive de personne, parce que personne n'en peut avoir la possession exclusive.*
« *La force prédominante des eaux,* disent-ils, *surmonte, en effet, toute autre force.* »
Puis ils continuent en ces termes :
« *Tous les hommes ont, chacun individuellement, le droit de les faire servir à leur boisson, à leurs ablutions, d'établir, sur les fleuves, des moulins, d'ouvrir, sur leurs bords, des tranchées pour en conduire les eaux sur leurs terres, mais à la condition qu'il ne sera porté aucun préjudice à la communauté.* »

Cette interprétation signale deux ordres d'idées, qu'il est essentiel de ne pas confondre.

En premier lieu, il s'agit d'un droit d'usage qui est accordé à tous les hommes indistinctement.
Tout individu peut faire servir les eaux d'un fleuve à *sa boisson et à ses ablutions.*
Loi religieuse et civile, le Koran a dû pourvoir aux impérieuses nécessités de la vie morale et matérielle.

En deuxième lieu, il s'agit d'un droit d'usage qui, par la nature même des choses, est particulièrement attribué aux riverains.
Eux seuls, en effet, sont appelés *à établir des moulins et ouvrir des tranchées, pour conduire les eaux sur leurs terres.*
Ils ne sont, à cet égard, soumis qu'à une condition; celle de ne pas porter préjudice à la communauté.
Cette restriction n'a pas besoin de commentaire; on la retrouve dans toutes les législations.

Après s'être occupés des fleuves, les commentateurs musulmans déterminent le régime qui est propre aux masses d'eau d'une importance moindre.

Ici, encore, nous n'avons qu'à les laisser parler.

Voici comment s'exprime le Medjmac : (page 7 de la brochure.)

« 1° L'eau d'un puits, d'un cours d'eau et autres, est mou-
» bah et n'est la propriété de personne, *quoique, d'ailleurs,*
» *le puits, le cours d'eau aient un maître.*
» 2° *Chacun a le droit de se désaltérer et d'abreuver ses*
» *bestiaux* dans l'eau des puits, bassins, conduits, sources et
» cours d'eau *qui ont un maître,* à moins qu'on ait lieu de
» craindre que le grand nombre de bestiaux ne le dégrade
» ou n'en consomme toute l'eau.
» 3° Si les puits, la fontaine, le cours d'eau *ont un maître,*
» il a le droit d'empêcher d'entrer dans sa propriété celui qui
» voudrait boire, lorsqu'il se trouve, à proximité, de l'eau dans
» un terrain moubah ; mais s'il n'y en a pas, il faut que le
» propriétaire apporte l'eau nécessaire ou qu'il permette d'en-
» trer ; s'il ne le fait pas et qu'il y ait lieu de craindre pour
» la vie de celui que presse la soif, il est permis d'attaquer
» ce propriétaire, les armes à la main.
» 4° On ne peut prendre, *sans la permission du maître,*
» l'eau qu'il aurait recueillie dans des pots, jarres et autres
» vases, parce qu'en la recueillant il en a acquis la pro-
» priété, comme l'on acquiert celle du gibier que l'on a pris.
» 5° Cette eau recueillie dans des vases, si le propriétaire
» refuse à en donner, dans un pressant besoin, il est permis
» de l'attaquer, mais sans armes, alors, par respect pour le
» droit de propriété qu'il a sur cette eau. »

A moins de vouloir nier l'évidence, pour les besoins d'un système préconçu, est-il possible, ce texte sous les yeux, de prétendre qu'en droit musulman, les cours d'eau, quels qu'ils fussent, étaient insusceptibles de propriété privée, à un titre quelconque?

Le commentaire de la loi ne répète-t-il pas assez souvent, et d'une manière générale, que les puits, les bassins, les conduits, les sources et cours d'eau peuvent AVOIR UN MAITRE?

Ces expressions que le langage du droit a, de tout temps, consacrées, ne sont-elles pas suffisamment significatives et permettent-elles le plus léger équivoque?

Evidemment non.

Mais celui que la législation musulmane proclame le maître, n'est pas un maître absolu.

Si cela était nécessaire, il nous serait facile de démontrer que la propriété absolue n'existe nulle part.

L'intérêt général est, partout et toujours, la limite devant laquelle l'intérêt particulier s'arrête et fléchit.

Dans l'espèce, il a été, purement et simplement, fait réserve, au profit de chaque membre de la communauté, de l'usage des eaux pour son alimentation personnelle et celle de ses bestiaux.

Sauf cette modification qui, d'ailleurs, se justifie d'elle-même, les droits privés sont demeurés entiers et n'ont jamais été méconnus.

Ce fait capital a été, nous l'avons déjà vu, solennellement établi lors de la discussion de la loi du 16 juin 1851.

Il était résulté de l'enquête laborieuse à laquelle une commission spéciale avait procédé préparatoirement en 1850.

Nous croyons inutile de développer davantage une théorie qui échappe, désormais, à toute controverse sérieuse.

Qu'il nous soit toutefois permis, en finissant, de citer un passage de l'excellent ouvrage intitulé : *De la Colonisation de l'Algérie :*

» Dans la législation musulmane, dit M. de Beaudicourt,
» l'eau est du domaine public, en tant qu'elle est nécessaire
» à l'alimentation de l'homme ; *mais l'eau qui peut être uti-*
» *lisée pour des irrigations, entre dans le commerce, peut*
» *être possédée par des particuliers et devenir, pour eux,*
» *l'objet de droits immobiliers aussi incommutables que ceux*
» *qui reposent sur le sol même. I's sont, qui plus est, indé-*
» *pendants de ces derniers; tout usager peut distraire de*
» *tel ou tel champ l'eau à laquelle il a droit, quand il lui*
» *convient de l'employer sur un autre domaine.* »

CONCLUSION.

La question de la propriété des eaux, en Algérie, doit être examinée, en distinguant avec soin l'époque qui a précédé et celle qui a suivi la promulgation de la loi du 16 juin 1851.

Quant à la première période, il faut remonter à la législation musulmane, qui a conservé tout son empire.

Or, il est constant et serait d'ailleurs, au besoin, juridiquement établi, par l'effet d'une interprétation souveraine, qu'aux termes de cette législation, les individus ont pu valablement acquérir, sur les cours d'eau, des droits privatifs plus ou moins étendus.

Respectés par le législateur français, qui a déclaré les maintenir *de la façon la plus absolue*, ces droits sont appelés à lier l'administration publique, aussi bien que les simples particuliers.

A titre de garantie, ils demeurent placés sous la sauvegarde des tribunaux civils, tuteurs naturels de la propriété.

Si, relativement au passé, rien n'a été changé, il importe de savoir, d'une manière exacte, en quoi consiste la situation que la loi de 1851 a faite pour l'avenir.

Prenant en considération la parcimonie avec laquelle l'auteur de toutes choses a ménagé les eaux en Algérie, et le besoin de favoriser la colonisation, en réservant à l'Etat le moyen de distribuer aux colons futurs, sans conflit possible, la partie de cette précieuse ressource, *non encore appropriée*, la loi nouvelle a rangé tous les cours d'eau, sans exception, parmi les dépendances du Domaine public.

En présence de la controverse si vive et si persévérante qui existait en France sur le classement des petites rivières, elle n'a pas dû se borner à reproduire les dispositions du Code Napoléon, qui, par une singulière anomalie, ont fourni à tous les systèmes des arguments favorables ou spécieux.

Elle a voulu qu'il fût bien entendu que, pour l'Algérie, du

19

moins, les eaux courantes seraient, désormais, insusceptibles
de propriété privée.

Elle a moins cherché à innover, qu'à prévenir toute équivoque.

Sainement appréciée, l'économie du Code démontre, en effet,
que les eaux en question, autres que les sources qui sont ré-
gies par un texte spécial, (art. 644) font partie de ces biens
qui, d'après l'article 714, *n'appartiennent à personne, dont
l'usage est commun à tous, et dont la jouissance est réglée par
des lois de police.*

C'est ce que la Cour de Cassation a décidé, le 10 juin 1846.

« Attendu, dit l'arrêt, que l'article 644 du Code confère, à
» celui dont la propriété borde un cours d'eau, non navi-
» gable ni flottable, *le droit de se servir de l'eau*, à son pas-
» sage, pour l'irrigation de ses propriétés, et à ceux dont
» cette eau traverse l'héritage, *le droit d'en user dans l'in-
» tervalle qu'elle y parcourt,* à la charge de la rendre, à sa
» sortie de leurs fonds, à son cours ordinaire;

» Attendu que *ces-droits d'usage,* spécifiés et limités, sont
» exclusifs *du droit à la propriété* du cours d'eau. »

Il est donc manifeste que, s'ils ne sont pas propriétaires,
les riverains sont usagers.

Mais ce ne sont pas des usagers ordinaires; il serait plus
exact de les qualifier d'usufruitiers.

Aux termes de l'article 578 du Code Napoléon, l'usufruit
est le droit de jouir des choses dont un autre a la propriété,
*comme le propriétaire lui-même, mais à la charge d'en con-
server la substance.*

Eh bien! jusques à un certain point, les riverains sont
affranchis de cette condition essentielle.

Ils bénéficient de toute l'utilité qu'ils peuvent retirer de
l'eau ; ils l'absorbent et la consomment suivant l'étendue de
leurs besoins.

Cette faculté qui dérive, pour eux, du privilége de leur
position, ne leur a jamais été refusée par aucune législation,
ni contestée par personne.

Les auteurs qui soutiennent, en France, d'une manière

absolue, que tous les cours d'eau, sauf les sources, dépen‑
dent du Domaine public, n'hésitent pas à la respecter en prin‑
cipe.

Seulement ils en subordonnent l'exercice, le cas échéant,
aux nécessités générales.

En serait-il autrement, en Algérie, depuis la loi du 16 juin
1851 ?

Poser la question, c'est la résoudre.

Ce que le législateur a voulu, nous ne saurions trop le
répéter, c'est assurer à l'administration publique une action
entièrement libre pour tout ce qui a trait *à la réglementa‑
tion* des eaux.

Mais le pouvoir *discrétionnaire* de l'administration n'est pas
et ne peut pas être un pouvoir *arbitraire*.

Il a des limites, qui ont leur raison d'être dans l'objet
même de son mandat.

L'État, qui représente la communauté, faillirait à sa haute
mission, s'il ruinait les uns pour enrichir les autres.

Le sacrifice des intérêts privés n'est possible que lorsque
leur maintien est inconciliable avec les exigences de l'intérêt
général.

Ce point important est, d'ailleurs, concédé par l'auteur de
la brochure, malgré ses tendances par trop administratives.

Voici dans quels termes il s'exprime :

» Est-ce à dire que les propriétaires riverains n'ont aucun
» droit, et qu'ils peuvent être *privés de l'usage des eaux*
» *d'irrigation*, au gré de l'administration et au profit d'un
» propriétaire plus favorisé? Pas le moins du monde. »

Mais cette concession est insuffisante; elle laisse encore
trop de place à l'incertitude, dans une matière qui n'en com‑
porte pas.

À cet égard, l'auteur de la brochure ne prend pas la peine
de dissimuler sa pensée.

« *Chaque propriétaire*, ajoute-t-il immédiatement, *a un*
» *droit d'usage à la chose commune*, c'est-à-dire aux eaux

» des cours d'eau; MAIS L'ÉTENDUE ET LA DURÉE DE LA JOUIS-
» SANCE PROPORTIONNELLE A L'IMPORTANCE DES CULTURES ET
» PLANTATIONS DE CHACUN DES MEMBRES DE LA COMMUNAUTÉ,
» SONT RÉGLÉES PAR L'ADMINISTRATION. »

Pour nous servir d'une de ces expressions vulgaires, toujours si saisissantes, n'est-ce pas là reprendre d'une main, ce qu'on a donné de l'autre ?

Il y a des systêmes dont les formules sont tellement élastiques, que leur application produit et légitime les plus grands abus.

Le systême adverse est de ce nombre.

Pour le combattre avec succès, il suffit de lui opposer un argument qui domine la question, et qui se rattache à un ordre d'idées tout-à-fait élémentaire.

Par des motifs sur lesquels nous n'avons plus besoin de revenir, la réglementation des eaux, en Algérie comme en France, est réservée à l'autorité publique.

Or, qui dit : *réglementer*, dit *organiser sur des bases fixes et régulières*.

Soutenir le contraire, c'est vouloir faire violence au sens commun et méconnaître la valeur exacte des mots telle qu'elle est définie par leur étymologie.

Il faut donc proscrire énergiquement une thèse qui ne tend à rien moins qu'à consacrer, non pas seulement la possibilité, mais encore la nécessité de réglements successifs, *variables à l'infini;* et qui, si elle ne devait pas rencontrer, dans l'exécution, des difficultés insurmontables, bouleverserait la propriété, sous l'étrange prétexte de faire de l'ordre et de favoriser les cultures.

Cette thèse, qui cherche à créer et à perpétuer *le provisoire*, comme si la stabilité n'était pas la première condition de la colonisation, objet de nos vœux et de nos efforts, ne saurait, ici surtout, rencontrer des partisans sérieux.

Les actes administratifs, intervenus jusqu'à ce jour, lui donnent un démenti formel.

C'est ainsi, par exemple, que l'arrêté que M. le Préfet d'Alger prend chaque année, relativement à la répartition des eaux d'arrosage de l'Oued Djemâa, rappelle et respecte les droits de chacun, dans leur principe et dans leur quotité.

Ce serait faire injure à l'Administration, que de supposer qu'il pût jamais en être autrement.

EN RÉSUMÉ :

Les intérêts nombreux et légitimes que la brochure semble avoir eu pour but de menacer, au profit d'autres intérêts beaucoup moins respectables, n'ont heureusement rien à craindre.

Les riverains même, dont les titres sont postérieurs à 1851, peuvent être certains que dans l'avenir, comme par le passé, il ne sera porté aucune atteinte aux droits précieux qu'ils tiennent de la nature des choses, et que la loi nouvelle a entendu définir, mais non détruire.

E. DARBON, avocat.

Alger, 25 avril 1858.

ALGER. — TYPOGRAPHIE ET LITHOGRAPHIE BASTIDE.

www.ingramcontent.com/pod-product-compliance
Ingram Content Group UK Ltd.
Pitfield, Milton Keynes, MK11 3LW, UK
UKHW021047120726
13693UKWH00006B/2470